Atrévete a ser más

El testimonio del Beato Carlo Acutis

Colleen & Matt Swaim

Liguori

Imprimi Potest: Stephen T. Rehrauer, CSsR, Provincial
Provincia de Denver, los Redentoristas

Publicado por Liguori Publications, Liguori, Missouri 63057
Liguori Publications, una corporación sin ánimo de lucro, es un apostolado de los Redentoristas (Redemptorists.com).

Para pedir este libro, visite Liguori.org o llame al 800-325-9521.
Atrévete a ser más: El testimonio del Beato Carlo Acutis

ISBN 978-0-7648-2861-4

Impreso en los Estados Unidos de América
Primera edición
26 25 24 23 22 / 5 4 3 2 1

Diseño de la cubierta: Wendy Barnes
Ilustración de la cubierta: detalle del Beato Carlo Acutis por Jeff Albrecht; ilustración del tatuaje adaptada de Shutterstock
Fotos del interior del Beato Carlo Acutis por cortesía de carloacutis.com

Contenido

EL BEATO CARLO ACUTIS (1991-2006)

DÍA DE LA FIESTA: 12 DE OCTUBRE ✠ **PATROCINIO:** INTERNET

"Atrévete a ser más porque lo que eres es más importante que cualquier posesión. ¿De qué sirven las posesiones o las apariencias? Puedes llegar a ser lo que dios tu creador sabe que eres, si sólo te das cuenta de que estás llamado a algo más grande. Pide la ayuda del espíritu santo y apunta con confianza a la gran meta de la santidad. De este modo, no serás una fotocopia. Serás plenamente tú mismo".

CHRISTUS VIVIT (107),
EXHORTACIÓN POSTSINODAL A LOS JÓVENES
Y A TODO EL PUEBLO DE DIOS, PAPA FRANCISCO, 2019

BEATO CARLO ACUTIS

HACE MILAGROS GENIO DE LA INFORMÁTICA — Y MÁS

¿Quién es Carlo Acutis?

"Todo el mundo nace como un original, pero muchas personas acaban muriendo como fotocopias".

El beato Carlo Acutis

Era malo en el fútbol, pero le encantaba igualmente. Era un jugador y un aficionado a los cómics que jugaba a Halo, Pokémon y al saxofón, y se disfrazaba de Spiderman. Hacía vídeos caseros de sus perros y su "uniforme" habitual era una camiseta de rugby, zapatillas de deporte y gafas de sol de aviador. Por sus pasatiempos y su moda, habría encajado con muchos niños que crecieron en la década de 1990 y principios de 2000.

Pero también era un joven profundamente espiritual y religioso. Iba a misa todos los días, pidió recibir la primera comunión un año antes —a los siete años— y convenció a su familia para que le ayudara a comprar sacos de dormir para los sintecho. Su determinación espiritual le hizo destacar. Hizo que innumerables personas apreciaran más los sacramentos y, a los quince años, ya había compilado un proyecto de investigación que llamó Milagros Eucarísticos. Su trabajo se expondría en parroquias y eventos de todo el mundo.

Su nombre es Carlo Acutis. Vivió sólo quince años y es la primera persona de la generación millennial en ser formalmente beatificada por la Iglesia católica.

Carlo nació el 3 de mayo de 1991, justo tres meses antes de que un ingeniero de software británico (Tim Berners-Lee) presentara al mundo el navegador web. Carlo nació en Londres, donde sus padres, Andrea Acutis y Antonia Salzano, trabajaban entonces. Un par de semanas después de su nacimiento, el 18 de mayo, lo bautizaron en la iglesia de Nuestra Señora de los Dolores de Chelsea. Le pusieron el nombre de su abuelo paterno, Carlo, que también fue su padrino. Su abuela materna fue elegida madrina.

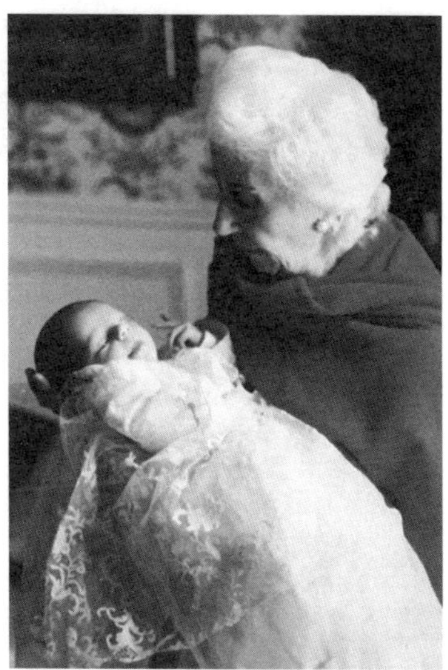

Nacido en Londres el 3 de mayo de 1991, de padres italianos, Carlo Acutis fue bautizado el 18 de mayo.

Los trabajos de sus padres les obligaban a trasladarse a menudo. La vida en Alemania y Milán le proporcionó diferentes tipos de experiencias culturales. Nacido en una familia acomodada y viajera, Carlo podría haber llegado a ser demasiado complaciente y pensar sólo en sí mismo. Pero se esforzaba por ver a Cristo en todo el mundo, desde los profesores y los compañeros de estudios hasta las personas sin hogar.

Los padres de Carlo no practicaban activamente su fe cuando él nació, así que les sorprendió que su hijo hiciera de las devociones católicas una prioridad, desde muy joven. Insistió en ir a la misa dominical y diaria. Incluso pedía parar en las iglesias por las que pasaba la familia.

Al beato Carlo Acutis se le llama a menudo el patrón no oficial de Internet. Eso incluye a los jugadores, los programadores informáticos, los usuarios de las redes sociales y los cibercomunicadores afines. Si algún día es canonizado, ¿de qué espera ser patrón?

A medida que crecía el amor de Carlo por Jesús y su devoción por el Señor, su madre volvió a la fe. Con el tiempo, su padre también lo hizo. Debido al intenso compromiso de Carlo con la Eucaristía, obtuvo permiso para recibir su primera comunión un año antes que la mayoría de sus compañeros. Su primera recepción de la Eucaristía tuvo lugar cuando tenía siete años, el 16 de junio de 1998. Un año más tarde, Rajesh Mohur, el querido amigo y cuidador de Carlo, pidió ser bautizado. Los dos habían tenido muchas conversaciones profundas sobre la fe. Rajesh dijo que el testimonio y la sabiduría teológica de Carlo llevaron a Rajesh a convertirse en cristiano. Imagina ser un adulto que vuelve a recibir el bautismo y tener a un niño de ocho años como su principal catequista.

Mientras vivió, Carlo fue hijo único. Algunas personas que conocían a Carlo decían que, como no había otros niños en su casa, a veces se sentía solo. Tal vez sea esa la razón por la que entabló tantas relaciones con los adultos. Los niños no suelen ser amigos de los adultos, pero entre los amigos de Carlo estaban los profesores y los adultos que trabajaban para su familia. Reconocían que Carlo era muy sabio para su edad.

A medida que se acercaba a la escuela secundaria, Carlo vio a las personas más cercanas a él encontrar la fe en Jesús. Sin embargo, le preocupaba ver a algunos de sus compañeros de clase pasar por las clases de catecismo, recibir el sacramento de la confirmación y luego saltarse la misa. Podían volver en Navidad o Semana Santa, pero normalmente eso era todo. Le preocupaba que la gente pensara que, una vez confirmados, no necesitaban nada de la Iglesia hasta que se casaran o necesitaran bautizar a sus hijos. Le preocupaba especialmente que muchos de ellos no volvieran a ir a misa.

Carlo llegó a comprender plenamente la Presencia Real de Cristo en la Eucaristía, y se le rompió el corazón al ver que muchos católicos ignoraban el regalo que nuestro Señor nos hace en el Santísimo Sacramento. Así que, a los catorce años, empezó a trabajar en una idea.

Con su habilidad natural para programar ordenadores, Carlo decidió combinar su amor por Cristo en la Eucaristía con la codificación. En un sitio web que creó, recopiló datos sobre todos los milagros eucarísticos que pudo encontrar. Era el principio de la década de 2000, cuando las plataformas de las redes sociales que ahora utilizamos a diario aún estaban en fase de desarrollo. A principios de la década de 2000 no existía nada parecido a la idea de Carlo.

En su investigación, Carlo encontró docenas de milagros eucarísticos. Descubrió historias de santos y místicos que habían experimentado sentimientos de poder y esperanza y más al recibir la Eucaristía. Escribió información sobre personas que se habían curado milagrosamente de problemas físicos y espirituales después de recibir la Sagrada Comunión. El proyecto creció a medida que Carlo continuó recopilando historias, fotografías e incluso datos científicos sobre estos misteriosos sucesos. Hoy en día, ese sitio web ofrece información sobre esos milagros en diecisiete idiomas. Su nombre es miracolieucaristici.org, que en italiano significa "milagros eucarísticos".

miracolieucaristici.org: El sitio web que Carlo construyó.

En su Primera Carta a Timoteo, San Pablo implora a su joven colaborador por Cristo "que nadie menosprecie tu juventud. Procura, en cambio, ser para los creyentes modelo en la palabra, en el comportamiento, en la caridad, en la fe, en la pureza" (1 Timoteo 4:12). ¿De qué manera puedes ser un modelo? ¿Cómo puedes ser como Pablo y animar a los jóvenes líderes?

Carlo hizo gran parte de su trabajo en su último año de vida. A principios de octubre de 2006, a los quince años, Carlo fue diagnosticado de leucemia promielocítica aguda. Inmediatamente después, la salud de Carlo empeoró de forma rápida y sorprendente. Recibió el sacramento de la unción de los enfermos el 10 de octubre de 2006. Al día siguiente, entró en coma. Carlo murió el 12 de octubre. Había querido donar sus órganos, pero la leucemia los había arruinado.

Increíblemente, en sólo una década y media y apenas unas semanas después de su diagnóstico, un adolescente que había incendiado su mundo por Cristo se había ido. Era un original, no una fotocopia. Y aunque su vida por Cristo fue breve, por la gracia de Dios hizo mucho por muchos.

Las peticiones para que Carlo fuera reconocido como santo llegaron casi de inmediato. Para la familia y los amigos de Carlo fue una sorpresa. Sabían que era un joven extraordinario, pero ver las innumerables personas que habían sido tocadas por el testimonio de Carlo les conmovió. Algunos eran compañeros de clase cuyas familias se habían divorciado. Carlo les había apoyado con la oración y la amabilidad. Otros eran personas que habían pasado por momentos difíciles, y Carlo había utilizado sus propios recursos para proporcionar alimentos y mantas. Y otros se vieron afectados de forma positiva por su proyecto de milagros eucarísticos.

En 2013, la Congregación para las Causas de los Santos de

la Iglesia Católica reconoció formalmente a Carlo Acutis como Siervo de Dios, lo que significa que las personas que investigan la vida de posibles santos podrían proceder. Ese mismo año, un niño de Brasil que padecía una enfermedad de páncreas se curó milagrosamente después de que su madre rezara para que Carlo intercediera (interviniera). El milagro propuesto fue enviado a los encargados de investigar la causa de Carlo para la santidad. Después de que expertos en medicina y teología aprobaran el caso, el milagro propuesto fue aprobado el 21 de febrero de 2020. Eso significaba que el Papa Francisco podría beatificarlo. Carlo Acutis había pasado innumerables horas en internet contando milagros. Ahora, oficialmente, ¡había participado en uno!

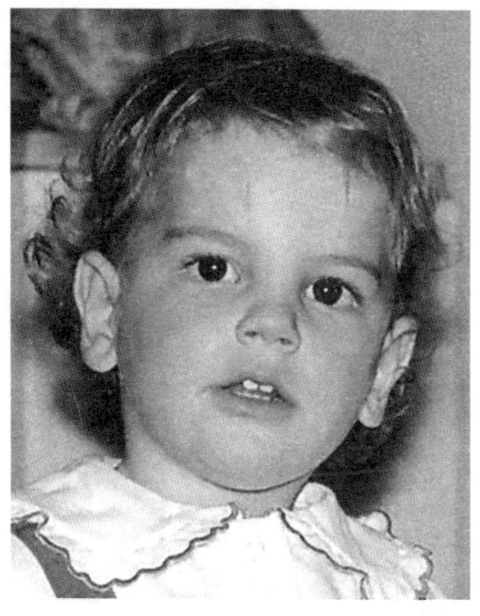

La ceremonia de beatificación de Carlo tuvo lugar en su ciudad favorita, Asís, el 10 de octubre de 2020. Ahora se le llama "beato", lo que le sitúa a un paso de la santidad en la Iglesia católica. Antes es necesario un milagro más que se atribuye a su intercesión.

Si, como Carlo, supieras que sólo te quedan días o meses de vida, ¿cómo te sentirías? ¿Qué dirías de la forma en que has vivido tu fe? ¿Cómo comentarían tus amigos y familiares tu testimonio de Cristo y la forma en que has vivido tu vida?

La misa en honor a Carlo se celebró en medio de una pandemia mundial y a catorce años del momento en que recibió la unción de los enfermos antes de entrar en coma en 2006. Asistieron unas 3.000 personas en persona, entre familiares, compañeros y desconocidos que habían sido tocados por su obra. La afluencia de público fue escasa debido a las restricciones de la COVID-19. Sin embargo, es de agradecer que innumerables espectadores de todo el mundo hayan podido retransmitir por Internet la misa de beatificación de este genio de la informática.

En 1995 Carlo empezó a ir al jardín de infancia en Milán.

Cuatro años después de su muerte, en el aniversario exacto de su fallecimiento, la madre de Carlo dio a luz a dos gemelos, un niño y una niña, llamados Michele y Francesca. También estuvieron presentes en la beatificación de Carlo. Piensa en lo que debió ser tener diez años y ser testigo de cómo tu difunto hermano mayor era reconocido oficialmente como beato en la Iglesia católica.

Se pueden decir muchas cosas sobre quién es Carlo y por qué su humildad, su creatividad y su alegría eran tan poderosas. Pero tal vez el aspecto más fuerte de su testimonio es la forma en que nos muestra que la gente común puede ser santa. La capacidad de Carlo para relacionarse con la gente se puso de manifiesto cuando su cuerpo, extraordinariamente bien conservado, fue puesto a disposición del público en Asís para su veneración en 2020, vestido con jeans, zapatillas de deporte y una sudadera con cremallera. Beato Carlo Acutis, ruega por nosotros.

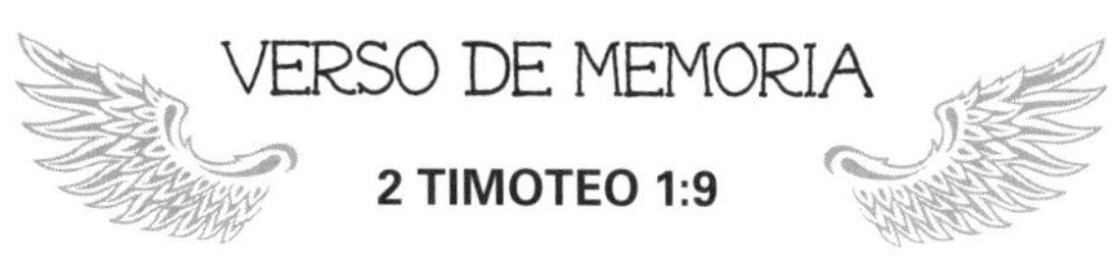

VERSO DE MEMORIA

2 TIMOTEO 1:9

Él nos salvó y nos llamó con una vocación santa, no por nuestras obras, sino por su propia determinación y por su gracia que nos dio desde toda la eternidad en Cristo Jesús.

Retos santos

- Piensa en las personas de tu vida que son fuertes ejemplos de testimonio cristiano. Pregúntales cuándo se tomaron en serio su vida personal de oración con Dios y por qué su fe católica es tan importante para ellos.
- Puedes ver y descargar muchas fotos en color de la infancia de Carlo en carloacutis.com. ¿Te recuerdan a tus propios álbumes familiares? Mira las fotos y escribe algunas palabras o frases que creas que describen bien a Carlo.
- Carlo fue bautizado el 18 de mayo de 1991 y recibió su primera comunión el 16 de junio de 1998. ¿Sabes las fechas de tu propio bautismo y de tu primera comunión? Si no es así, pídelas a tus padres o a tu parroquia y piensa en alguna pequeña y significativa forma de recordarlos cada año.

La fuente y la cumbre: La devoción de Carlo al Señor en la Eucaristía

"Si salimos al sol, nos bronceamos...pero cuando nos ponemos delante de Jesús en la Eucaristía, nos convertimos en santos".

Beato Carlo Acutis

En casas de retiro y salones parroquiales, y en iglesias grandes y pequeñas y centros de conferencias, la exposición Milagros Eucarísticos se ha exhibido en todo el mundo. Millones de personas han visto este extraordinario proyecto, que Carlo Acutis comenzó a desarrollar cuando sólo tenía catorce años. Compuesta por docenas de historias reales que muestran la realidad milagrosa de la Sagrada Comunión, la exposición itinerante se compone de varios paneles a todo color, cada uno de los cuales es lo suficientemente grande como para necesitar su propio caballete, o lo suficientemente alto como para tener que apoyarlo en una pared.

Cada panel detalla una historia sorprendente relacionada con el Santísimo Sacramento. Algunos cuentan milagros relacionados con la aparición física de la Eucaristía, como un relato de Lanciano (Italia) en el año 750. Entonces, la hostia consagrada y el contenido del cáliz adquirieron las características forenses de la carne y la sangre humanas. Este fenómeno fue comprobado repetidamente por los científicos, pero nadie ha podido dar una explicación natural al mismo. Otros paneles hablan de quienes han tenido experiencias increíbles tras recibir la Eucaristía. Por ejemplo, en La Rochelle (Francia), en 1461, un joven paralítico e incapaz de hablar durante cinco años se curó al instante tras recibir la Sagrada Comunión. Otros hablan de una profunda devoción eucarística en la vida de grandes santos y místicos como Catalina de Siena y Tomás de Aquino.

Carlo, a los siete años, celebró su primera comunión el 16 de junio de 1998.

Cuando Carlo Acutis comenzó a recopilar historias de milagros eucarísticos, su objetivo era crear un sitio web que permitiera a personas de todo el mundo conocer algunas de las historias más asombrosas relacionadas con el Santísimo Sacramento. Para muchos, la exposición itinerante a todo color es su primer contacto con Carlo Acutis y su espiritualidad eucarística. La muestra se ha exhibido ya en los cinco continentes y en cientos de lugares de todo el mundo.

Carlo era abierto y honesto cuando rezaba ante Jesús en el Santísimo Sacramento sobre sus esperanzas, temores y las cosas que no entendía. ¿Hasta qué punto eres sincero con Dios sobre las cosas que más ocupan tu mente? ¿Qué puedes hacer para acercarte a Dios en la oración?

Carlo se refería a la Eucaristía como su "autopista al cielo". Sus padres y su cuidador, Rajesh, recuerdan que Carlo insistía en asegurarse de que, dondequiera que fuera la familia, supieran dónde estaba la parroquia más cercana y cuándo

El amigo y cuidador de Carlo, Rajesh Mohur, dijo que el niño le inspiró a convertirse en cristiano.

se celebraban sus misas. Para la madre de Carlo, Antonia, que había dejado de ir a misa antes de que él naciera, esto significaba que se enfrentaba a la realidad de la Eucaristía a través del fervor de su hijo. Antes de Carlo, los únicos motivos que recuerda para ir a misa eran su primera comunión, su confirmación y su boda.

En cierto modo, Carlo era un místico práctico. Creía en la presencia real de Jesucristo en la Eucaristía, pero mientras algunos místicos tienen visiones y éxtasis, Carlo estaba más interesado en ver a Cristo en las experiencias cotidianas. Un ejemplo que muestra este aspecto de la espiritualidad eucarística de Carlo es el día de su primera comunión. Mientras su familia se dirigía al cercano convento de Perego, un pastor que cruzaba la calle con un cordero blanco los detuvo brevemente. El emocionado Carlo, de siete años, vio esa breve experiencia como un pequeño signo de consuelo del Señor, quizás reflexionando sobre las palabras proclamadas por el sacerdote en la misa: "He aquí el Cordero de Dios, he aquí el que quita los pecados del mundo".

Reflexiona sobre tu actitud y estado mental en la Misa, especialmente cuando te acercas a la Sagrada Comunión. ¿De qué manera puedes desarrollar una apreciación más profunda del misterio de la Presencia Real de Cristo en la Eucaristía? ¿Cómo puede reflejarse esta contemplación del Cuerpo, la Sangre, ¿el alma y la divinidad de Cristo en la Eucaristía en tus posturas corporales?

Hay otros detalles fascinantes sobre el día en que Carlo recibió su primera comunión. Ese año, el 18 de junio era el martes siguiente a la fiesta del Corpus Christi. Ese es el día del calendario de la Iglesia dedicado al misterio del Cuerpo y la Sangre de Cristo en la Eucaristía. El permiso especial vino del arzobispo Pasquale Macchi, que fue secretario privado del Papa San Pablo VI. El arzobispo Macchi moriría sólo seis meses antes que Carlo, en 2006. Las monjas de San Ambrosio de Perego conocían bien a Carlo por sus frecuentes visitas, por lo que había sido especialmente invitado por ellas a recibir su primera comunión en su convento. La madre superiora de la orden recuerda que Carlo se comportó bien durante toda la misa, pero que, a medida que se acercaba el momento de recibir la Eucaristía, se mostraba inquieto y ansioso por la expectativa. Esa alegría incontenible se hizo patente en él cuando volvió a su banco. Las hermanas recuerdan que al niño de siete años le costó quedarse quieto durante el resto de la misa porque estaba muy emocionado por lo que acababa de ocurrir.

Esas mismas hermanas recuerdan que Carlo irradiaba una alegría similar cuando vino a visitarlas al día siguiente de su confirmación en 2003. Estaba lleno del Espíritu Santo. Vieron en Carlo a una persona que realmente había cobrado vida por su encuentro con Jesús en los sacramentos.

Desde el principio, la devoción de Carlo por la Eucaristía se extendió a los demás. La alegría que experimentaba por esta conexión sacramental con Jesús salía de él y afectaba a los que se encontraban con él. Informado por el testimonio de las Escrituras y el testimonio de los santos, Carlo sabía que la Eucaristía era la fuente y la cumbre de la vida cristiana, y meditaba profundamente en todas las historias que podía encontrar que ayudaban a ilustrar este misterio central que la Iglesia ha guardado y transmitido desde el tiempo de los apóstoles.

Gran parte de lo que los católicos creen sobre la Presencia Real de Jesucristo en la Eucaristía proviene del sexto capítulo del Evangelio de San Juan. Después de alimentar a los 5.000, Jesús comienza a explicar a sus discípulos que, si no comen su carne y beben su sangre, no tienen vida en ellos. Dice que su carne es el verdadero alimento y su sangre la verdadera bebida. Carlo sentía una especial devoción por San Juan Apóstol, debido al enfoque eucarístico del Evangelio de Juan y a su estrecha amistad con Jesús.

Cuando Carlo pensó en la Última Cena y en San Juan apoyando su cabeza en Jesús, concluyó que se trataba de un acto de devoción eucarística. Juan estaba colocando su cabeza cerca del Sagrado Corazón de nuestro Señor la noche antes de que sufriera por nuestros pecados. Esa misma noche, Jesús instituyó la Eucaristía y encargó a los apóstoles que llevaran a cabo ese ministerio sacro en recuerdo suyo. Sin duda, Carlo relacionó todo esto con lo que sabía del milagro eucarístico del siglo VIII en Lanciano (Italia), en el que la hostia consagrada adquirió las propiedades físicas de la carne humana. Las pruebas científicas revelaron que se trataba de tejido de un corazón humano.

Los detalles de la primera comunión de Carlo se han transmitido. ¿Qué recuerdas, si es que recuerdas algo, del día en que recibiste tu propia primera comunión? ¿Cómo ha crecido y madurado su amor a Dios desde entonces?

Carlo creía en el poder de la Eucaristía para el crecimiento espiritual. Decía a la gente que cada vez que recibían la Eucaristía, ya no eran la misma persona, porque Jesús estaba obrando transformaciones en ellos. Como él decía: "Cuanto más recibamos la Eucaristía, más nos pareceremos a Jesús, de modo que en esta tierra tendremos un anticipo del cielo".

Carlo cursó la enseñanza media en el Instituto Tommaseo de las Hermanas de Santa Marcelina.

Después de haber visto a tantos católicos dar por sentado el don de la Eucaristía, Carlo esperaba que su página web, que destacaba los milagros eucarísticos de todo el mundo, ayudara a la gente a apreciar y comprender el Santísimo Sacramento más profundamente. Por supuesto, Carlo también sabía que, independientemente de que una hostia sangre o no, o de que alguien tenga una visión mística, o escuche la voz audible de Dios, la Eucaristía es realmente la presencia real de Jesucristo entre nosotros: cuerpo, sangre, alma y divinidad. La Eucaristía es un milagro, aunque nuestros sentidos no puedan percibirlo.

Carlo solía decir lo afortunados que son los católicos hoy en día por vivir con un acceso tan fácil a la Eucaristía. Como Carlo comentaba a menudo, la gente que vivía en Jerusalén en la época de Cristo podía venir a escuchar a Jesús, pero la multitud podía obstruirles la vista, o tal vez había demasiado ruido para que todos pudieran escuchar todo lo que Jesús decía. Zaqueo tuvo que subirse a un árbol para poder ver a Jesús. El paralítico de Marcos 2 tuvo que ser bajado a través de un techo por sus amigos. Nicodemo tuvo que escabullirse en medio de la noche para hacer preguntas a Jesús porque le preocupaba lo que pudieran pensar sus compañeros fariseos. Pero como dijo Carlo, porque Jesús se nos ha entregado en la Eucaristía, tenemos Jerusalén a la vuelta de la esquina, dondequiera que esté nuestra parroquia más cercana.

Carlo solía decir que se asombraba de que la gente hiciera colas durante horas para ver un concierto, o un partido, o para conseguir un autógrafo, o para ser el primero en tener algo nuevo cuando salía al mercado. Pero no vio colas de gente intentando entrar en la misa o en la adoración eucarística, donde Jesucristo mismo está realmente presente. Incluso Carlo luchó contra las distracciones durante la oración privada, en la misa y en la adoración, pero luchó contra esas distracciones porque sabía que la Eucaristía era más importante que cualquier pensamiento al azar que pasara por su cerebro.

El enfoque crudo y honesto de Carlo hacia la adoración eucarística es un gran modelo para todos los que queremos aprender a ser más nosotros mismos en la presencia de Cristo. Como Carlo reflexionó una vez sobre la adoración eucarística: "A Cristo siempre puedo confiarle algo. También puedo quejarme, interrogarle sobre su silencio y decirle lo que no entiendo. Y entonces, dentro de mí, encuentro una palabra que él me envía: un momento del Evangelio que me llena de convicción y certeza".

Carlo plantea un audaz desafío a quienes podemos estar tentados de dar por sentado nuestro fácil acceso a la misa, temerla, quejarnos de que es demasiado larga o aburrida, o que estamos demasiado distraídos, o que no tenemos tiempo para ella. Él quiere saber: ¿Tomamos suficientemente en serio este maravilloso milagro que está presente en cada altar donde se celebra la Misa? Cuando el sacerdote eleva la Eucaristía ante nosotros y dice: "He aquí el Cordero de Dios, he aquí al que quita los pecados del mundo", nos enfrentamos al misterio de la fe (*mysterium fidei*). Carlo vio en ese misterio una aventura para sí mismo y para su propia relación con Cristo, pero también la responsabilidad de compartir la belleza de la Presencia Real de Cristo con los demás, para despertar en ellos el asombro y el deseo de estar conectados con nuestro Señor en el Santísimo Sacramento.

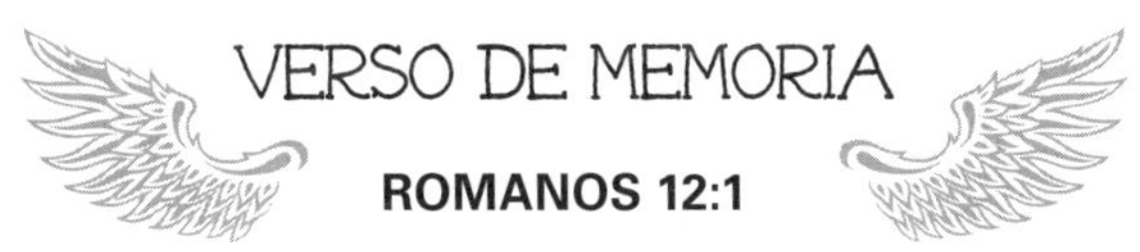

VERSO DE MEMORIA

ROMANOS 12:1

Los exhortos, pues, hermanos, por la misericordia de Dios, a que se ofrezcan a ustedes mismos como un sacrificio vivo, santo, agradable a Dios: tal será su culto espiritual.

Desafíos santos

- Visita el proyecto Milagros Eucarísticos de Carlo en línea en miracolieucaristici.org. Elige un milagro eucarístico específico que te ayude a apreciar más profundamente la Presencia Real de Cristo en el Santísimo Sacramento. Puede explorar el sitio por país o continente, tipo de milagro, o simplemente navegar.
- La adoración eucarística era una parte importante de la vida de oración de Carlo. Localiza una capilla de adoración cercana o averigua los horarios de adoración eucarística en una parroquia cercana. Procura pasar un tiempo allí contemplando en silencio la presencia de Jesucristo. Empieza con unos minutos y ve aumentando hasta llegar a una hora santa entera de acercamiento a Él allí.
- Carlo incluyó la misa diaria en su horario. Las misas están programadas todos los días, desde la mañana hasta la noche, pero con los ocupados horarios de la escuela y el trabajo, la mayoría de nosotros debe planificar y priorizar actividades como ir a misa con anticipación. Considere la posibilidad de asistir a una misa entre semana o los sábados. Hágalo durante el verano, mientras está de vacaciones, antes o en medio de su horario escolar o laboral, en su parroquia local o en un lugar especial de peregrinación.

La Virgen: María como Madre de Carlo y tuya

"La Virgen Madre es la única mujer en mi vida".

Beato Carlo Acutis

Cuando Carlo creó su página web sobre los milagros eucarísticos, preparó una sección para los encuentros milagrosos relacionados con la devoción a la Santísima Virgen María. Se aseguró de mostrar la importancia de la Eucaristía en el mensaje de la Virgen a los niños pastores en Fátima en 1917 y cómo Santa Catalina Labouré experimentó la visión que llevó a la promoción de la Medalla Milagrosa mientras rezaba en adoración eucarística.

Estos encuentros con María convencieron a Carlo más que nunca de que la Eucaristía es real e importante. Vio el amor a la Virgen como algo natural en la vida cristiana. María nos señala a su Hijo, mientras que él señala a su Madre como ejemplo de lo que significa decir sí a Dios. Un bello ejemplo de ello es el de Lourdes, en Francia, donde María se apareció a Santa Bernadette en 1858. Cada año, muchos peregrinos visitan el lugar donde ocurrió el milagro. Es muy popular. Como era de esperar, Carlo incluye este milagro en su exposición online.

Treinta años después de que María hablara con Santa Bernadette en la gruta, las aguas de Lourdes ya se habían convertido en un lugar al que la gente acudía para curarse de todo tipo de afecciones físicas, espirituales y mentales. En 1888, un sacerdote francés sugirió que se celebrara una procesión eucarística como parte de la vida devocional de los peregrinos de Lourdes. La primera procesión tuvo lugar el 22 de agosto de ese año. Cuando el tabernáculo con la Eucaristía pasó por delante de un hombre llamado Pietro Delanoy, éste se curó de una dolencia muscular que le habría matado.

La Virgen María fue un modelo para Carlo en muchos aspectos, entre ellos la pureza. En una cultura que promueve muchos mensajes perjudiciales sobre la sexualidad y el cuerpo, ¿cómo nos muestra María lo que significa vernos a nosotros mismos y a los demás como hijos e hijas amados de Dios?

Hoy en día, muchos sacerdotes que dirigen las peregrinaciones a Lourdes recuerdan a los visitantes que las oraciones junto a la gruta son recomendables para la curación. Pero algunas curaciones milagrosas están relacionadas con las procesiones eucarísticas, como fue el caso de Pietro Delanoy. Carlo vio un claro vínculo entre la devoción de Pietro a Jesús en el Santísimo Sacramento y la devoción a la Madre de Dios. Muchos santos han señalado que imitamos a María al volver a recibir la Eucaristía. Cuando se le dijo que llevaría al Salvador del mundo en su cuerpo, María respondió: "Hágase en mí según tu palabra" (Lucas 1:38). Cuando consumimos la Sagrada

Comunión y la recibimos en nuestro cuerpo, respondemos como María y decimos: "Amén" ("así sea").

Hay otras conexiones con María en la historia de Carlo. Entre los que han promovido su causa de santidad, nadie ha sido más fiable que la propia madre de Carlo, Antonia Salzano. Tiene buenas razones para hablar de su hijo, al igual que María tenía grandes motivos para hablar del suyo. Y como María, Antonia tuvo que ver sufrir a su único hijo. También como María, Antonia ha podido compartir la alegría de la promesa de vida para siempre de Cristo para los que le siguen. Después de todo, ¿cuántas madres pueden ver a su propio hijo avanzar oficialmente hacia la santidad en la Iglesia Católica?

Por supuesto, Jesús es divino, la segunda persona de la Trinidad. Carlo era un adolescente italiano que amaba y servía a Dios lo mejor que podía. Pero al ver la alegría de Antonia celebrando la vida y la historia de su hijo, es difícil no pensar en lo radiante que debió estar María en la resurrección de Jesús; en el cumplimiento de su promesa del Espíritu Santo en Pentecostés; o en su propia asunción al cielo para unirse a él por toda la eternidad. Como todo católico, Carlo tiene tres madres: su madre biológica, la Virgen María y la Santa Madre Iglesia. Las tres tienen un hijo del que estar orgullosas.

Antonia seguramente estaba orgullosa de que Carlo rezara el rosario con regularidad. El cardenal Marcello Semeraro, prefecto de la Congregación para las Causas de los Santos, llamó una vez a Carlo "apóstol del rosario de la Santísima Virgen". Dijo que Carlo, como muchos santos, hablaba del rosario como una "escalera al cielo".

Las peregrinaciones eran formas recurrentes en las que Carlo expresaba su fe y su amor. Disfrutaba visitando los lugares de nacimiento de varios santos y sumergiéndose en sus vidas, esperando aprender de su testimonio y devoción a Dios. En Turín, visitó lugares relacionados con San Juan Bosco.

Fue a Padua a visitar a San Antonio y obtuvo permiso para sentarse en la silla de Santa Gemma Galgani cuando visitó su ciudad natal, Lucca. Carlo tenía un pariente que había recibido orientación espiritual del Padre Pío, por lo que también se propuso peregrinar a la casa del monasterio capuchino de Pío en San Giovanni Rotundo. Y muchas veces, Carlo visitó Asís, el hogar de su amado San Francisco.

De todos los lugares que visitó, Carlo fue el que más peregrinó relacionado con María. Visitaba con frecuencia Pompeya por la especial devoción de su familia a Nuestra Señora de Pompeya, un santuario fundado por el beato Bartolo Longo. Antiguo sacerdote satánico de principios del siglo XX, Longo experimentó una sorprendente conversión para volver a la fe católica. Pocos meses antes de morir, Carlo también peregrinó a Fátima. Le fascinaba la idea de que María se apareciera allí a simples niños pastores, en lugar de a eruditos o altos cargos de la Iglesia. En Fátima, Carlo tuvo la oportunidad de conocer al sacerdote que trabajaba en la causa de santidad de esos niños. Y conoció a una monja de Lisboa cuyo abuelo estaba entre los miles de personas que habían presenciado personalmente el "Milagro del Sol" el 13 de octubre de 1917.

Carlo creía que María nos mostraba cómo decir sí a Dios. ¿De qué manera puedes aceptar más la voluntad de Dios para ti en la vida cotidiana? ¿Qué puede llamarte Dios a hacer hoy?

Pero quizá la peregrinación mariana que mejor refleja la espiritualidad y la personalidad de Carlo es la visita que hizo con su familia a Lourdes cuando tenía once años. Lourdes ocupaba desde hacía tiempo un lugar especial en el corazón de Carlo. Un pariente lejano de Irlanda le había regalado su primer rosario, que era de Lourdes. Carlo llevaba este rosario siempre que viajaba. En el marco de un viaje a España, su familia hizo planes para visitar Lourdes (Francia). Allí, Carlo prometió rezar el rosario con regularidad, ya fuera solo, con sus padres o incluso con sus perros.

Durante su estancia en Lourdes, Carlo se sintió tan conmovido por su experiencia que quiso llevar todo tipo de regalos y sacramentales a su familia y amigos en casa. Compró varias estatuas huecas de la Virgen, llenas de agua de Lourdes, para regalarlas a sus familiares y a las monjas del convento donde había recibido la primera comunión. Pero eso no era suficiente para Carlo. Su familia también compró varios contenedores grandes llenos de agua de la gruta para llevarlos a su casa en Italia. El padre de Carlo, Andrea Acutis, se opuso al principio, porque sabía que tendrían que deshacer las jarras de agua junto con las maletas en cualquier lugar donde pasaran la noche de camino a casa. Pero Carlo insistió en que él mismo descargaría y recargaría la preciosa carga de Lourdes allí donde se detuvieran.

La abuela de Carlo y su cachorro, Briciola, viajaron con

Carlo tenía una afinidad especial por Fátima, Portugal. Le fascinaba la idea de que María se apareciera a simples niños pastores, en lugar de a eruditos o altos cargos de la Iglesia.

Carlo y sus padres en la peregrinación a Lourdes. Como Briciola ("miga de galleta") sólo tenía entonces tres meses, la abuela de Carlo pudo meterla a escondidas en su bolso. Cada vez que Briciola gruñía, la abuela de Carlo tosía para tapar el ruido y que el cachorro no fuera advertido por los de seguridad. Así, incluso el cachorro de Carlo pudo experimentar con él un poco de la maravilla y el misterio de esos lugares marianos.

Piensa en algunos de los títulos de María y de los lugares de peregrinación nombrados en este capítulo o en otros, como el sitio web de la Basílica del Santuario Nacional de la Inmaculada Concepción en Washington, DC, nationalshrine.org. ¿Tienes una imagen favorita de María? ¿Por qué es significativa para usted?

Para Carlo, la Madre María era también un modelo de pureza y castidad en la vida cotidiana. Entender eso de ella afectó a la forma en que se relacionaba con las compañeras de clase y a la forma en que hablaba de las chicas con sus amigos. Como adolescente en los años 90, Carlo tuvo que escuchar y enfrentarse a algunas de las cosas degradantes que sus compañeros de clase y la cultura tenían que decir sobre las mujeres. Pero se negó a participar. Por ejemplo, a Carlo le gustaba la natación como actividad deportiva y como forma de ocio. Pero Carlo no toleraba el acoso, los gritos y las actitudes y discursos denigrantes hacia las chicas de la piscina. Un amigo de la familia recuerda que cuando Carlo veía que la gente cometía esas faltas de respeto hacia las mujeres, les recordaba que nuestros cuerpos son un templo del Espíritu Santo. También advertía a sus amigos sobre el uso de la pornografía, que cada vez era más fácil de encontrar en Internet. La devoción de Carlo a la Virgen influyó notablemente en su comprensión de la dignidad de todas las mujeres y de la necesidad de tratarlas como hijas de Dios, especialmente cuando veía que eran tratadas como objetos por la cultura o por sus compañeros.

Carlo no vivió lo suficiente como para saber si pudo discernir una llamada al sacerdocio o a la vida religiosa, o una vocación al matrimonio. Sabemos que su amor por Asís y su afición por los santos Francisco y Clara le ayudaron a creer que las relaciones buenas y santas entre hombres y mujeres eran posibles e importantes. Se opuso a lo contrario: al consumismo y a la lujuria. Entonces, ¿Carlo tenía novias o chicas que resultaban ser sus amigas? "La Virgen María es la única mujer en mi vida", decía.

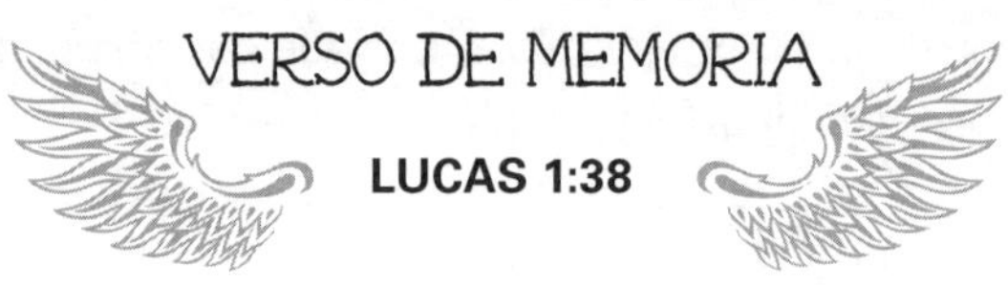

Dijo María: "He aquí la esclava del Señor; hágase en mí según tu palabra".

Retos santos

- A Carlo le gustaban las peregrinaciones, especialmente las caminatas a los lugares de devoción a María. Ponte en contacto con tu parroquia y diócesis para ver qué peregrinaciones locales hay a poca distancia en coche de donde vives. Después, programa un momento para hacer una visita en oración.

- Después de una peregrinación familiar a Lourdes, Carlo se tomó más en serio el rezo regular del rosario. Si el rosario no forma parte de tu vida de oración, piensa en momentos y situaciones en los que podrías empezar a rezarlo solo o con otras personas: quizá al levantarte, mientras vas al colegio, mientras das un paseo después de cenar o antes de acostarte.

- Investiga la historia de las estatuas de María en la propiedad de tu parroquia local. ¿Quién las donó, descubrió o construyó la gruta? ¿Cuánto tiempo llevan allí? ¿Hay alguna historia detrás de las devociones de tu parroquia a la Virgen?

La Santa Humanidad de Carlo: Ordenadores y Nutella

"¿Qué importa si puedes ganar mil batallas, si no puedes vencer tus propias pasiones corruptas? La verdadera batalla está dentro de nosotros mismos".

Beato Carlo Acutis

Puede ser fácil descartar a los santos como personas que vivieron hace cientos de años, que no se enfrentaron a los mismos retos que nosotros, que permanecen piadosamente inmóviles en cuadros y estatuas, y que no podrían entender los problemas de la gente real de hoy. Pero Carlo Acutis nos muestra que los santos eran verdaderamente humanos. Eran ellos mismos por completo.

Carlo era un niño rezador, amante de la diversión y alegre, pero incluso él tenía sus propias luchas. El padre Will Conquer, que escribió una biografía de Carlo, señaló: "Carlo luchó contra la soledad. Hijo único, padres ocupados, estilo de vida en la ciudad". Como los padres de Carlo viajaban y se mudaban mucho, le resultaba difícil entablar muchas amis-

Nutella (se pronuncia new-telluh) es una marca de crema de cacao de avellana azucarada. Nutella es fabricada por la empresa italiana Ferrero y fue introducida por primera vez en 1964.

Carlo (segundo desde arriba a la izquierda) disfrutaba conectando con los demás a través del fútbol.

tades a largo plazo. Aun así, hacía lo posible por relacionarse con la gente siempre que tenía la oportunidad. Las Hermanas Marcelinas de la Piazza Tommaseo de Milán, que le dieron clase en la escuela primaria, recuerdan que era enérgico y le encantaba estar con sus compañeros. Pero también era ocasionalmente poco preparado y distraído, porque a veces estaba más concentrado en ser social que en prestar atención en clase. Sabiendo esto sobre Carlo, es aún más significativo que fuera capaz de establecer una conexión tan profunda con Rajesh, la persona que su familia contrató para cuidar de Carlo. Al igual que Carlo, Rajesh se había mudado lejos del lugar donde nació. La amistad que entablaron fue una fuente de fortaleza para ambos.

Carlo también conectó con otros a través del fútbol. Para él y para sus compañeros de clase en Italia era algo muy importante. Justo unos meses antes de que Carlo muriera de leucemia, la selección italiana masculina ganó la Copa Mundial de la FIFA. Aunque a Carlo y a sus amigos les encantaba jugar, el fútbol no era algo natural para él. Como dice Antonia, su madre, "Carlo era bastante malo en el fútbol, pero le encantaba estar con los amigos".

Fuera del campo, como muchos niños, Carlo se interesó por los videojuegos. Mattia Pastorelli, un amigo de la infancia recuerda haber jugado con él al Halo. Se pregunta si parte de la razón por la que Carlo lo disfrutaba era porque la banda sonora del juego incluye cantos gregorianos. Como Carlo sabía cuánto tiempo se puede perder jugando, se puso límites de tiempo para que el juego no le apartara de la oración, de su familia o de sus tareas escolares.

Carlo sabía que sus puntos fuertes, como su personalidad extrovertida y su aptitud para la programación, podían acercarle a Dios. Pero también sabía que sus dificultades, como su afición a los dulces y sus sentimientos de soledad, eran oportunidades de crecimiento espiritual. ¿Cómo pueden tus propias fortalezas y debilidades acercarte a Dios?

El hecho de sentarse frente a las pantallas y su afición a los dulces hicieron que Carlo tuviera que luchar a veces contra el aumento de peso. Le encantaba la Nutella y el helado, pero utilizaba incluso este detalle aparentemente sin importancia como una oportunidad para ejercitar la virtud. Un amigo, Mattia, recuerda haber tomado un helado con Carlo en un día caluroso en Asís. Cuando se alejaron del lugar donde lo habían comprado, Carlo se dio cuenta de que el dependiente le había dado demasiado cambio. Insistió en volver en el calor del verano para devolver el dinero, aunque eso significara una caminata cuesta arriba. Para Carlo habría sido más fácil quedarse con el dinero. Pero para él era más importante hacer lo correcto, fuera o no fácil.

También durante su estancia en Asís, Carlo se sintió atraído por varios ideales de San Francisco. Se sintió atraído por el amor de San Francisco a la Eucaristía, por su corazón sencillo y puro, y por su disposición a responder a las suaves indicaciones del Espíritu Santo para hacer lo correcto en el momento adecuado, aunque en ese momento pudiera parecer una locura. Como Francisco, Carlo amaba a los animales. Su familia tenía cuatro perros, dos gatos y varios peces. Sus perros están en algunas de las imágenes oficiales de la Iglesia de Carlo que la gente vio durante los eventos en el momento de su beatificación.

El cuidador y amigo de Carlo, Rajesh Mohur, asistió a la confirmación del preadolescente el 24 de mayo de 2003.

En los años 90, antes de que los teléfonos móviles estuvieran por todas partes, la única forma que tenía Carlo de llamar a sus amigos y familiares era con un teléfono de disco en casa. Le encantaba mantener largas conversaciones con su prima Flavia y otros familiares y amigos. Su madre recuerda con cariño que las llamadas telefónicas en casa solían ser para Carlo.

Sus recuerdos también incluyen las películas caseras de Carlo, que pueden verse en el sitio web para su causa de santidad, carloacutis.com/es/asociación. Los clips muestran a Carlo haciendo caras divertidas a la cámara o sus películas de sus perros en las que imita sus voces. En casi todos los vídeos o fotos, Carlo sonríe.

Como le gustaban los videojuegos, Carlo sabía que tenía que ponerse límites para que no se convirtieran en obsesiones que le quitaran el tiempo. ¿Hay algo en tu vida que te cause problemas por el tiempo o el espacio que le das?

Hablando de felicidad, Mattia, un amigo, dijo "tener un

amigo que está a punto de ser santo es una emoción muy extraña.... Sabía que era diferente a los demás, pero ahora me doy cuenta de lo especial que era". Mucha gente que pasó tiempo con Carlo quedó impresionada por su santidad ordinaria y su alegría por vivir el Evangelio.

Pero incluso los santos más santos sabían que necesitaban la ayuda de Dios en todas las cosas. Carlo mantenía su relación con las hermanas del convento donde recibió su primera comunión, y a menudo escribía cartas pidiendo oraciones por sus seres queridos y por él mismo. En una carta de 2005, justo un año antes de caer enfermo, Carlo escribió a una de sus hermanas favoritas, agradeciéndole que rezara por él durante un difícil examen escrito y oral. Cuando vio a esa misma hermana unos meses después, le pidió más oraciones: "Hermana Luigina, rece para que me vuelva menos perezoso".

Como amante de los perros, Carlo se sintió atraído por San Francisco de Asís debido a su mutuo afecto por los animales. ¿Te sientes atraído por ciertos santos porque tienes algo en común con ellos?

Cuando pensamos en el beato Carlo Acutis, podríamos estar tentados de ponerlo mentalmente en dos "cajas". En una estaría el Carlo que organizó la exposición mundial de Milagros Eucarísticos e hizo otras cosas de santos. En la otra caja estaría el Carlo que soñaba despierto en la escuela y hacía vídeos caseros de sus perros. Pero, como nos recuerda la Iglesia, no tenemos que ser diferentes para ser santos. Sólo tenemos que ser la mejor persona que Dios quiere que seamos. Como decía San Francisco de Sales, si quieres ser santo, "sé quien eres, y sé así de bien". Para Carlo, eso significaba ser un niño jugador, amante del fútbol, que tocaba el saxofón, que comía Nutella, que hacía películas caseras, que se estresaba con los exámenes y que era poderosamente devoto de la santa Eucaristía.

VERSO DE MEMORIA

SALMO 19:15

Acepta con agrado mis palabras
el susurro de mi corazón, sin tregua ante ti, Yahvé,
Roca mía, mi redentor

Desafíos santos

- Carlo utilizó sus habilidades de programación para compartir su fe. Enumera tres de tus propios talentos y piensa en formas creativas de utilizarlos para ayudar a los demás y compartir tu fe.
- La gente se sentía atraída por Carlo porque les sonreía, desde sus seres queridos hasta los desconocidos. Mira algunas fotos recientes de ti mismo y decide qué dicen tus expresiones faciales en esas fotos sobre ti. Desafíate a establecer contacto visual y a saludar con una sonrisa al mayor número de personas que puedas en tu día a día.
- Carlo vio las experiencias cotidianas como oportunidades para vivir la virtud. Piensa en una acción que realices cada día. ¿Cómo has creado este hábito? ¿Cuál es la próxima que emprenderás?

Cuidar de los demás
Una generación que no es la mía

"El dinero no es más que papel picado. Lo que cuenta en esta vida es la nobleza del alma, es decir, el modo en que amamos a Dios y al prójimo."

Beato Carlo Acutis

Carlo Acutis habría celebrado su trigésimo cumpleaños el 3 de mayo de 2021. Vivió sólo la mitad de esa edad, pero incluso un adolescente de quince años debe equilibrar una vida de amigos, responsabilidades escolares y familiares, el cuidado de los demás y una relación con Dios. También a los quince años, los adolescentes están desarrollando y mostrando

Carlo empezó el bachillerato en 2005 en el Instituto León XIII, una institución gestionada por los jesuitas.

su personalidad moral y espiritual de adultos. La pregunta que debemos hacernos es: *"¿Voy a vivir sólo para mí, o voy a vivir para los demás?"*.

Para ayudar a los adolescentes a adquirir una forma moral y espiritual, muchas escuelas católicas incluyen en su plan de estudios un requisito de horas de servicio para que los alumnos aprendan la necesidad de cuidar a los demás. En su instituto, el Instituto Papa León XIII de Milán, Carlo participaba activamente en el trabajo de servicio. Compartió sus dones como catequista ayudando a otros estudiantes a prepararse para la confirmación. También hizo un proyecto de vídeo sobre los esfuerzos de aprendizaje de servicio de la escuela. Pero la preocupación de Carlo por los demás iba más allá de los requisitos de la clase. Hemos visto que su corazón para el servicio comenzó mucho antes de la escuela secundaria.

¿En qué medida soy sensible a las necesidades de mi familia, mi parroquia y mi comunidad? ¿Cómo puedo hacer un mejor trabajo para ver a los necesitados y ofrecerles ayuda espiritual y material?

Carlo creía en la importancia de atender las necesidades espirituales y físicas de las personas que veía a su alrededor. Puede ser fácil descartar las necesidades materiales que vemos y centrarnos sólo en llevar las almas a Cristo. O podemos pensar sólo en las pobrezas materiales de una persona e ignorar el hambre espiritual que todos tienen. Carlo comprendió que debía compartir el amor de Cristo con los demás tratando de satisfacer sus necesidades espirituales y materiales.

Como hijo único de una familia acomodada, Carlo podría haberse convertido en el tipo de adolescente que sólo pensaba en sí mismo, jugaba a los videojuegos todo el día y nunca se fijaba en los menos afortunados. Pero incluso de joven, el sufrimiento le conmovía, especialmente el de los que no tenían hogar. Carlo sacaba tiempo para ser voluntario en un comedor social de las Misioneras de la Caridad en Milán.

El deseo de Carlo de venerar la dignidad de los afectados por la falta de hogar fue más allá. Mientras otros miran de reojo a los que viven en la calle, Carlo veía a Cristo en ellos. Insistió en que sus padres le ayudaran a comprar sacos de dormir y comidas para las personas sin hogar que encontraba.

Y el joven Acutis fue más allá. Carlo intuía que las personas que veía viviendo en la pobreza en las calles necesitaban algo más que cualquier comida. A menudo, las personas sin recursos tienen que comer lo que consiguen en una despensa: verduras enlatadas, productos secos sin marca y alimentos rebajados que la mayoría de los clientes no compran.

Carlo era diferente. Vio la humanidad de estos hermanos y hermanas hambrientos. Más de una vez, les ofreció la misma comida que comía su familia: caliente y casera. Se tomó a pecho las palabras de Jesús: "En verdad les digo que cuanto hicieron a uno de estos hermanos míos* más pequeños, a mí me lo hicieron" (Mateo 25:40). Servir una buena comida a estos hermanos sirvió a Cristo. Carlo lo sabía.

Carlo veía la humanidad en todos. Incluso corregía a los que se referían a los demás en términos deshumanizados. ¿Alguna vez etiquetó a los demás y no los vio como hijos amados de Dios?

Carlo satisfacía las necesidades básicas de los sintecho, y más. Quería que los demás supieran que la sociedad podía desechar a las personas que tenían que vivir en la calle, pero estas personas eran como todos nosotros: hechas a imagen y semejanza de Dios. Merecen amor y respeto. Una noche se encontró con Matteo, un hombre que había visto durmiendo sobre un panel de cartón en el frío. Carlo no podía dormir y compartió con Rajesh su preocupación por Matteo.

Rajesh le preguntó a Carlo por qué se preocupaba por un "vagabundo". Carlo le corrigió inmediatamente. "No debes decir 'vagabundo'", dijo, "porque todos son criaturas del Señor". Carlo sabía que la forma de hablar de los demás influye en la forma de verlos. Hablar de Matteo con un lenguaje deshumanizado haría más fácil ignorarlo. Al principio, Rajesh se sintió sorprendido por la reprimenda de Carlo, pero ambos ayudaron a Matteo. Rajesh hizo caso a la insistencia de Carlo de que "este hombre con dificultades debería comer también como nosotros". Le dieron un saco de dormir y una comida caliente.

Rajesh había crecido como hindú en Mauricio. Su padre procedía de una casta sacerdotal brahmánica. Encontró que la reverencia y la devoción de Carlo por Cristo en la Eucaristía era conmovedora, hermosa y misteriosa. En sus viajes de ida y vuelta a la escuela, Carlo, de ocho años, recién confirmado, hablaba con Rajesh de por qué la Eucaristía era la realidad más importante de su vida. Esto hizo que Rajesh sintiera cada vez más curiosidad por explorar la fe católica. A través de Carlo, Rajesh se sintió atraído por el misterio de la presencia real de Cristo en la Eucaristía. Pidió ser bautizado en 1999. Carlo no tenía aún diez años y ya había conducido a la fe católica a una de las personas más importantes de su vida.

El deseo de Carlo Acutis de que todos fueran tratados con respeto y como hijos de Dios se manifestó también en otros ámbitos. Un joven primo, Alessandro, recordaba las reuniones familiares en las que los niños mayores le excluían de los juegos porque pensaban que era demasiado pequeño. Alessandro dijo que Carlo no lo toleraba y se aseguraba de que Alessandro estuviera incluido. Un profesor de secundaria recuerda un animado debate en clase sobre el aborto en el que Carlo se puso firmemente del lado de la defensa del no nacido porque la ciencia nos dice que un niño no nacido es humano, y la fe nos dice que toda vida humana tiene un valor dado por Dios.

¿Te has sentido alguna vez excluido u olvidado y alguien ha hecho algo sencillo para incluirte o demostrarte que te querían?

Carlo quería que los demás fueran tratados con decencia y que apreciaran su propio valor ante Dios, que los ama infinitamente. Una de las principales razones por las que Carlo puso en marcha su página web de milagros eucarísticos fue su preocupación por los compañeros que dejaban la práctica de su fe católica después de la confirmación. Ver a sus compañeros desconectados de la fuerza de los sacramentos le rompía el corazón.

En muchos sentidos, el equilibrio de Carlo en el cuidado de las necesidades físicas y espirituales de los que le rodeaban era como el de Francisco de Asís, cuya ciudad natal visitaba a menudo. La conversión de Francisco en el siglo XIII le llevó a cuidar de los leprosos en su poveridad y a predicar el evangelio a todos. Su objetivo era que conocieran una vida vibrante de fe en relación con Jesús. Por ello, Carlo pidió ser enterrado en Asís, la ciudad natal de un santo de antaño que tanto inspiró a Carlo a querer ser santo en el siglo XXI.

Aún más apropiado es el lugar de Asís donde el cuerpo de Carlo fue expuesto públicamente para su veneración y ahora está enterrado: el Santuario de la Renuncia, en el interior de Santa María la Mayor. Se construyó en honor al momento en que San Francisco se despojó de sus ropas como señal de que lo entregaba todo por el bien de Cristo. Los restos de Carlo descansan allí en la casa del gran San Francisco, uno de los modelos más entrañables y duraderos de la Iglesia sobre lo que significa amar verdaderamente a Dios y al prójimo.

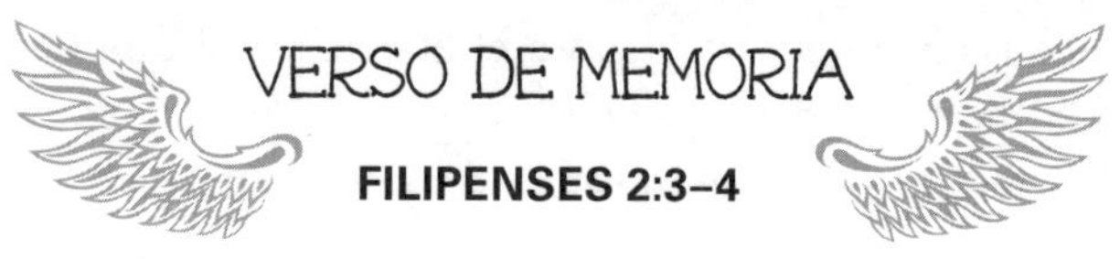

VERSO DE MEMORIA

FILIPENSES 2:3–4

No hagan nada por ambición, ni por vanagloria, sino con humildad, considerando a los demás como superiores a uno mismo, sin buscar el propio interés sino el de los demás.

Desafíos santos

- Piensa en alguien en tu vida que pueda estar luchando contra la soledad u otras necesidades. Llama o escribe a esa persona, con tus propias palabras, y pregúntale cómo está y dile que rezas por él (o ella).
- Carlo se centró en ayudar a la gente de su propio barrio. Pregunta en tu parroquia cómo puedes ayudar a las personas de tu zona con necesidades materiales. Muchas iglesias tienen conexiones con despensas de alimentos, centros de embarazo y otras formas de ayudar a los que tienen dificultades.
- Cuando Carlo vio a hombres y mujeres hambrientos, quiso darles de comer comidas calientes como las que él tenía, no sólo productos enlatados baratos. La próxima vez que participes en una colecta de alimentos, dona artículos de alta calidad que tu propia familia disfrutaría. Mejor aún, ¡compra alimentos de mejor calidad que los que comerías normalmente!

Cuando la vida implica sufrimiento: El dolor y la muerte

"El Gólgota es para todos.
Nadie escapa a la cruz".

Beato Carlo Acutis

Teniendo en cuenta lo lleno de vida que estaba Carlo y su impacto positivo en todos los que le conocieron, el rápido final de su vida tan pronto después de su diagnóstico de leucemia conmocionó a sus seres queridos y a otros que le conocieron. Su proyecto de web de milagros eucarísticos se puso en marcha cuando tenía catorce años, pero su trabajo en el proyecto terminó cuando murió pocos meses después de su decimoquinto cumpleaños.

El diagnóstico de Carlo devastó a su familia y amigos, y sin duda le asustó, pero este valiente joven afrontó su enfermedad como una oportunidad para ajustarse más al mismo Jesús que había pasado su vida siguiendo fielmente. Cuando le preguntaron cómo llevaba el dolor y la falta de sueño que experimentaba, Carlo respondió: "Ofrezco lo que tenga que sufrir al Señor por el Papa y por la Iglesia, para saltarme el purgatorio e ir directamente al cielo". Incluso se dice que ofreció su sufrimiento por la Iglesia católica de Estados Unidos, que en ese momento estaba profundamente herida por el horrible pecado de los abusos sexuales del clero. Como todo lo demás en su vida, Carlo vio su último desafío como una nueva oportunidad para profundizar en su relación con Dios. Los últimos días de su extraordinaria vida muestran la profundidad de la relación de Carlo con Jesús, que había cultivado a propósito a través de la misa diaria, la confesión, la adoración eucarística y la oración personal.

La relación de toda la vida con Dios que Carlo cultivó a través de la oración y los sacramentos le preparó bien para afrontar su sufrimiento. ¿Qué haces tú ahora para estar preparado para afrontar el sufrimiento?

Algunas de las declaraciones de Carlo durante su última semana de vida suenan como si fueran de alguien mucho mayor y más curtido en la "escuela del sufrimiento". Cuando descubrió la gravedad de su diagnóstico de leucemia, comentó que "el Señor me ha enviado una llamada de atención". Luego, al ser trasladado al Hospital San Gerardo de Monza para sus últimos días, le dijo a su madre que no esperaba salir de allí con vida. Pero también le aseguró que sabía que era una oportunidad para conformarse con Cristo: "El Gólgota es para todos", le dijo a Antonia, su querida madre. "Nadie escapa a la cruz".

Un médico que preguntó a Carlo por su dolor se quedó atónito al ver que el joven se mostraba tan displicente al respecto. Con su característica preocupación por los demás, Carlo expresó con humildad: “Hay otros que sufren mucho más que yo”. Cuando las enfermeras le preguntaron si quería a su madre en mitad de la noche cuando no podía dormir, insistió en que no la llamaran. Sabía que ella estaba cansada, preocupada y que también necesitaba dormir. Incluso ante su propia muerte, Carlo se preocupaba por aquellos cuya agonía era mayor que la suya. Es probable que los pacientes de San Gerardo no supieran en ese momento que en el mismo edificio en el que estaban siendo tratados, un chico de quince años en camino a la santidad estaba terminando su viaje terrenal y rezando por ellos mientras agonizaba.

El 10 de octubre de 2006, un Carlo totalmente despierto recibió el sacramento de la unción de los enfermos. Al día siguiente, 11 de octubre, Carlo entró en coma. Al día siguiente, el 12 de octubre de 2006, murió. Carlo fue enterrado en Asís, el hogar de su amado San Francisco, pero incluso en la muerte, Carlo sigue teniendo un impacto asombroso, tal vez más porque el mismo Internet que utilizó para difundir la devoción eucarística ha sido un vehículo para que más personas conozcan su propio testimonio heroico. La virtud heroica de Carlo sigue viva gracias a muchos acontecimientos emocionantes, como la celebración internacional del que habría sido su trigésimo cumpleaños el 3 de mayo

El sacramento de la unción de los enfermos, en el que un sacerdote unge con aceite bendito y reza por una persona enferma, moribunda o en peligro de muerte.

de 2021; la exposición de sus reliquias en Nuestra Señora de los Dolores de Londres, la iglesia donde fue bautizado; y la narración de su historia en innumerables escuelas católicas, retiros y eventos de la Jornada Mundial de la Juventud.

¿Cuál es la mayor frustración física o fuente de ansiedad en tu vida? ¿Cómo ofreció Carlo su dolor y preocupación a Dios?

El testimonio de Carlo habla con fuerza, no a pesar de su corta vida, sino a causa de ella. Pasó su breve tiempo en la tierra dedicado a Jesucristo en la santa Eucaristía, y la mayor parte de su adolescencia invitando a otros a reconocer a nuestro Señor de esta manera única y sacramental. En esa misma Eucaristía, todos estamos invitados a participar en el misterio del sacrificio y la resurrección de Cristo, muriendo para que podamos resucitar en él. El amor de Carlo por Jesús en la Eucaristía se manifiesta en el modo en que abordó su vida, y se cumple en el modo en que abordó su muerte.

San Pablo nos dice "Coherederos de Cristo, si compartimos sus sufrimientos, para ser también con él glorificados" (Romanos 8:17). En sus últimos días, Carlo recibió la carga del sufrimiento y la gracia de reconocer su dolor como una oportunidad para conocer a Jesús aún más profundamente. Y por su respuesta heroica a la llamada a ser como Cristo en la vida, así como en la muerte, hoy la Iglesia católica lo reconoce oficialmente como Beato en la comunión de los santos.

Beato Carlo Acutis, ¡reza por nosotros!

¿Cómo puedes ser como Carlo y ver tus pruebas como una forma de identificarte con los que sufren como tú, pero en mayor grado?

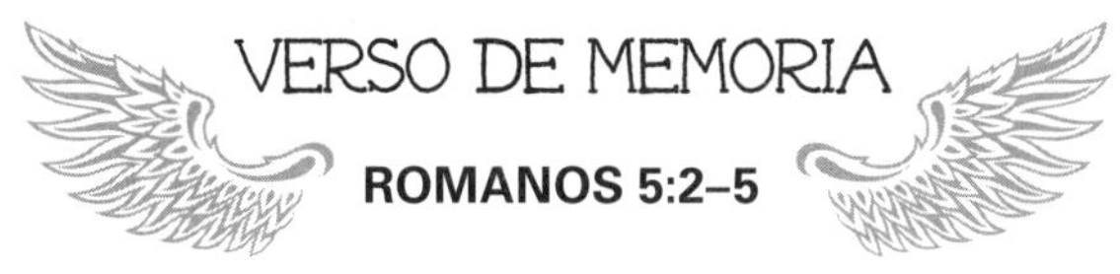

VERSO DE MEMORIA

ROMANOS 5:2–5

Nos gloriamos hasta en las tribulaciones,
sabiendo que la tribulación engendra la paciencia;
la paciencia, virtud probada; la virtud probada, esperanza,
y la esperanza no falla, porque el amor de Dios.

Desafíos santos

- Piensa en una intención de oración que tenga un significado profundo para ti: una intención por un ser querido, una causa o un pecado habitual que quieras eliminar de tu vida. La próxima vez que experimentes algún tipo de dolor o frustración, ofrece ese sufrimiento por la intención.

- ¿Qué pequeños sacrificios puedes hacer para unirte a los sufrimientos de los demás? ¿A qué estás excesivamente apegado? ¿Hay algo en tu vida de lo que podrías ayunar o poner un límite de tiempo, como el uso de las redes sociales, los videojuegos o la comida basura?

- Las residencias de ancianos y las comunidades de vida asistida están llenas de hombres y mujeres que luchan contra la soledad, la enfermedad y el dolor crónico. Considera la posibilidad de llamar a un centro asistencial local para ver cómo podrías pasar tiempo con los residentes allí.

ORACIÓN AL BEATO CARLO ACUTIS

Bendito Carlo,
Conocías el poder de la tecnología y la usaste
para proclamar la verdad de Jesucristo.

También conocías los peligros de la tecnología
y te esforzaste por proteger tu corazón de ellos.

Utilizaste los dones que tenías en este mundo para bendecir
a los demás a través de la caridad radical, de ver a Cristo
en el rostro de los ignorados por la sociedad, del testimonio
de la amistad y de tus aptitudes naturales con la tecnología.

Vivimos en un mundo tan roto por los abusos de la tecnología
y que tantas veces ignora o ataca la dignidad humana.
Por favor, intercede por nosotros ante Dios Padre para que
veamos la dignidad humana de todas las personas con las
que nos encontramos y pide que el Señor nos guíe siempre que
tengamos la tentación de responder de otra manera
en nuestras comunicaciones online.

Beato Carlo Acutis, reza para que podamos tratar nuestras
conexiones en constante evolución con la tecnología
en desarrollo como una oportunidad para ver la gracia
de Dios en acción, incluso en las complejidades de nuestro
mundo moderno. Amén.

El cuerpo de Carlo Acutis, fallecido en 2006, enterrado en la iglesia de Santa María la Mayor de Asís, Italia.